Die Altmark

Schwerin

Dahrendorf • Salzwedel • Arendsee • Werben
Diesdorf • Seehausen • Havelberg
Stöckheim • Beetzendorf • Krevese
Hannover Klötze • Kalbe • Osterburg • **Berlin**
Stendal • Schönhausen
Gardelegen
Drömling Colbitz- Tangermünde
Letzlinger- Jerichow
Oebisfelde Heide

Magdeburg

Elbe

Die Altmark

BERND SIEGMUND (Text)
THOMAS GRUNDNER (Fotos)

HINSTORFF

Titelbild: Blick auf Tangermünde
Rücktitel: Stendal, Uenglinger Tor

Die Deutsche Nationalbibliothek verzeichnet diese Publikation in der Deutschen Nationalbibliografie; detaillierte bibliografische Daten sind im Internet über http://dnb.ddb.de abrufbar.

© Hinstorff Verlag GmbH, Rostock 2005
  Lagerstraße 7, 18055 Rostock
  Tel. 0381/4969-0
  www.hinstorff.de

Alle Rechte vorbehalten. Reproduktionen, Speicherungen in Datenverarbeitungsanlagen, Wiedergabe auf fotomechanischen, elektronischen oder ähnlichen Wegen, Vortrag und Funk – auch auszugsweise – nur mit Genehmigung des Verlages.

2., leicht überarbeitete Auflage 2010

Herstellung: Hinstorff Verlag GmbH
Lektorat: Thomas Gallien
Karte: Dieter Heidenreich
Druck und Bindung: Neumann & Nürnberger, Leipzig
Printed in Germany
ISBN 978-3-356-01074-9

"Theuerste" nannte er sie, "mein Schatz mein Herz mein Augentrost". Sie war seine "Einzige", seine "geliebte Juanita! better half of myself!" – Nicht von einem heißblütigen Casanova ist hier die Rede, ein altmärkischer Junker fand diesen zärtlichen Ton: Otto von Bismarck. Der Eiserne Kanzler. Liebevoll umschnurrte er Johanna von Puttkammer, seine ferne, in Pommern lebende Braut.

Der Dienst, sein erstes öffentliches Amt, hielt Bismarck 1847 in der Altmark zurück. Der spätere Kanzler saß auf dem heimatlichen Gut Schönhausen bei Tangermünde und bewachte die Elbe. Er war zum Deichhauptmann ernannt worden. Zum Herrn über den unteren Magdeburger Bezirk. Von Jerichow bis Sandau nahe Havelberg reichte sein Revier. Jetzt, vor dem Hochwasser des Frühjahres, konnte er den unberechenbaren Fluss auf keinen Fall allein lassen.

"Es ist ... 7 Uhr Morg. -2°", schrieb er seiner Zukünftigen, "aber es kommt mir wärmer vor; der Schnee fällt seit einer Stunde leise, ohne daß sich das geringste Lüftchen rührte, senkrecht, auf der Gegend liegt Nebel, und wie hier das Ticken einer großen Uhr, so ist draußen nichts zu hören als das leise Klirren des gleitenden Eises auf dem Wasser und der eintönige Schrei der wilden Gänse, die mir willkommene Boten sind, daß das Tauwetter Bestand haben wird."

Wo immer er sich auch befand: Nie hat Otto von Bismarck den eigenartigen Zauber der Altmark vergessen. Nicht das satte Grün der Elbauen. Nicht die Kraft des großen Flusses. Und nicht die schönen, alten Dörfer mit ihren schlichten Feldsteinkirchen, deren Türme im Zwielicht verschwimmen.

BISMARCK IN SCHÖNHAUSEN

Ganz leicht kräuselt der Wind das Wasser der Elbe, weißblau spiegelt sich der Himmel darin. Hochgewachsene Buschgruppen, traurige Kopfweiden und Ufergehölze stehen in der Elbaue. Das Dorf Schönhausen, besser gesagt: jeder einzelne der 1961 Einwohner hat sich längst an die Fremden gewöhnt, die aus ganz Deutschland hierher wallfahren, um an diesem Ort den Geist Bismarcks zu treffen. Hinter den Resten des fürstlichen Schlosses liegt ein gepflegter Park. Man sieht ihm die vielen fleißigen Hände an. Die Sonne scheint mild durch die Zweige der alten Linden und Kastanien. Die Wege sind blitzblank geharkt, die Rasenkanten beschnitten, alles ist so, als würde jeden Augenblick der Fürst zu einem Spaziergang erscheinen.

Seit dem Jahre 1562 sitzt das Geschlecht derer von Bismarck auf Gut Schönhausen. Durch Gebietstausch war das Dorf in ihren Besitz gelangt. Dieser Wohnungswechsel hat eine Vorgeschichte. Sie führt uns hinein in das 14. Jahrhundert. 1345, genauer gesagt am 15. Juni, wurde dem Oberhaupt der Stendaler Patrizierfamilie Bismarck eine große Ehre zuteil. Markgraf Ludwig belehnte "seinen aufrichtig geliebten" Klaus von Bismarck mit dem "landesherrlichen Schloß Burgstall". Mit anderen Worten: Er "schenkte" es ihm. Mit so mancher Mark hatte der Stendaler Großkaufmann in den Jahren zuvor seinem Landesherrn unter die Arme gegriffen. Und nun zeigte sich Ludwig erkenntlich. Wer gibt, dem wird gegeben. Gott ist weise. Mit einer tiefen Verbeugung bedankte sich Klaus von Bismarck für die verdiente, aufrichtige und großzügige Korruption. Und bezog Schloss Burgstall.

Sein neuer Besitz lag in der Letzlinger Heide. Hier, in der Nähe von Gardelegen, findet man heute noch auf 185 Hektar den größten Lindenwald Europas. Doch auch mächtige deutsche Eichen, einige von ihnen sind bis zu 600 Jahre alt, gucken selbstbewusst ins Land. Viele vom Aussterben bedrohte Tierarten haben hier ihre Arche Noah gefunden. Dazu gehören der seltene Schwarzstorch, der orangebräunliche Wiedehopf, die bis zu einem Meter lange, giftige Kreuzotter, Hirschkäfer, Kranich, Baumfalke, Milan, Rohrweihe und Eisvogel. Prächtig blüht im Mai der Ginster. Und im August des Eisernen Kanzlers Lieblingsblume: das lilafarbene, schlichte Heidekraut namens "Erika". Calluna vulgaris so weit das Auge reicht.

Das also ist die Letzlinger Heide, mit der Markgraf Ludwig seinen Untertanen belehnte. Seit jener Zeit sind die Bismarcks Schlossherrn, gehören zum »schlossgesessenen« Adel der Altmark. So weit, so gut. Hätte da nicht eines schönen Tages im Jahr 1562 der nun regierende Kurfürst Johann Georg ein Haar in der Suppe gefunden, die da Schloss Burgstall hieß. Um es ein wenig vornehm auszudrücken: Er entdeckte seine Liebe zum Bismarckschen Besitz. Meinte, dass die wildreichen Wälder eigentlich viel besser zu ihm und seiner Jagdleidenschaft passen würden. Also rief er die Bismarcks zu sich, beglückt, sie alle gesund und munter zu sehen, und diktierte ihnen in großer Güte seinen Willen. Was blieb den armen Edelleuten weiter übrig, als dem schönen Burgstall Ade zu sagen.

Wie sehr der Verlust auch Jahrhunderte später noch schmerzte, verrät ein Brief, den Otto von Bismarck, längst wohlbestallter Bundestagsgesandter, im Oktober 1855 verärgert an den Vertrauten des preußischen Königs, den Generaladjutanten Leopold von Gerlach, schrieb: »Ich ärgre mich, daß ich gar nicht mehr zur Letzlinger Jagd eingeladen werde, die doch zumeist auf unserem uns vor 300 Jahren per nefas genommnen Stammbesitz stattfindet.«

Natürlich per nefas, zu Unrecht, nun ja ... Auf alle Fälle wurden die Bismarcks fürstlich entschädigt. Da im Zuge der nachreformatorischen Säkularisation Kirchengüter frei geworden waren, erhielten das ältere Brüderpaar Heinrich und Friedrich die Propstei Krevese. Den jüngeren Bismarcks, Jobst und Georg, fielen die Orte Schönhausen und Fischbeck zu.

Nun herrschte eitel Freude und Sonnenschein. Getrübt wurde die gute Stimmung lediglich durch eine Kleinigkeit ... Über Generationen hinweg waren die Bismarcks Altmärker gewesen. Aus echtem Schrot und Korn. Aber leider lagen die Besitztümer, die der Kurfürst ihnen so großzügig zugedacht, rechts der Elbe. Und damit – geographisch gesehen – in »Feindesland«. Was tun? Die Elbe umbetten? Die Längen- und Breitengrade neu über den Erdmantel ziehen? Nein! Hier half nur die kühne Attacke. Mit gewagtem kurfürstlichen Federstrich bestimmte Johann Georg die Ländergrenzen neu, holte Schönhausen und Fischbeck heim ins altmärkische Reich.

Und hier also, auf Schönhausen, schlug am 1. April 1815 Otto von Bismarcks erste Stunde. Wenige Tage später meldeten die BERLINISCHEN NACHRICHTEN VON STAATS- UND GELEHRTEN SACHEN in ihrer 43. Ausgabe das Familienglück:

»Die gestern erfolgte glückliche Entbindung meiner Frau von einem gesunden Sohn verfehle ich nicht, allen Verwandten und Freunden unter Verbittung des Glückwunsches bekanntzumachen.

Ferd. v. Bismarck
Schönhausen, den 2. April 1815«

Ferdinand von Bismarck, der stolze Vater, ein standesbewusster altmärkischer Landadliger, der dem lieben Gott dafür dankbar war, dass er seine Erdentage als Gutsherr verbringen durfte, hatte diese Notiz, ohne es zu ahnen, der Weltgeschichte ins Stammbuch geschrieben. Denn das »kleine altmärkische Junkerlein«, das da in den Nachmittagsstunden des 1. April mit kräftiger Stimme zu schreien begann, sollte Jahre später, heiß geliebt und kalt gehasst, eine Hauptrolle auf der politischen Bühne Deutschlands und Europas spielen.

Leider überlebte Schloss Schönhausen, die Kinderstube Bismarcks, den Sozialismus nicht. 1958 wurde es gesprengt. Angeblich saß der Schwamm in den Mauern. Fachleute aber sind sich einig, das Schloss hätte gerettet werden können. So ist nur das Seitengebäude erhalten geblieben. Der sogenannte Zofenflügel, in dem Otto von Bismarck geboren wurde. Er ist mittlerweile restauriert. Heute befindet sich ein Museum darin, eine »überregional wirksame Erinnerungsstätte« an den Kanzler. Auch der Schlosspark mit seinen barocken Putten und den stattlichen Lindenalleen ist seit einigen Jahren rekultiviert. Die fünf weiblichen Sandsteinfiguren, die nach dem Krieg in Magdeburg eine neue Heimat gefunden hatten, dort das Schleinufer zierten, stehen wieder am Schlossteich. Und auch Herkules, der steinerne Recke, ist zurückgekehrt.

Ihm schoss der 15-jährige Bismarck einst eine Ladung Schrot in den Hintern. Noch heute sind die Einschusslöcher zu sehen. Und Fachleute streiten darüber, ob es sich bei dem pubertären Schuss um erste Anzeichen des später sprichwörtlichen Machtwillens gehandelt habe oder um einen harmlosen Jungenstreich. Originell ist das blauäugige Geständnis, das Bismarck dem Vater gab, der ihn fragte, ob er der Schütze gewesen sei: »Ja, Papa, aber ich dachte nicht, dass es ihm wehe thun würde.«

Schönhausen, Kirche

Eine klassische Politiker-Antwort.

Vorhanden ist in Schönhausen auch die »prächtige alte Kirche«, von der Bismarck in seinen Briefen schrieb. Um 1711 ließ August II. von Bismarck sie innen mit Spiegelgewölben, großem Altaraufbau, Kanzel und einer reich geschnitzten Patronatsloge in schönen Barockformen wieder herstellen. Auch das Taufbecken, in dem der kleine Otto das heilige Sakrament erhielt, ist zu sehen. Christian Petri, der damalige Pfarrer, blickt noch heute gerührt und in Öl verewigt vom nördlichen Seitenschiff auf die Szene.

Vielleicht ahnte der gute Pfarrer ja damals schon, dass aus dem kleinen Bismarck einmal ein Großer werden würde: ein Mensch, geschaffen zum Denkmal. Da Ehrungen solcher Art die Geehrten meist postum ereilen, musste auch Bismarck bis 1898 warten. Kaum hatte er jedoch das Zeitliche gesegnet, da begann der Kult um ihn. Über 500 Denkmale wurden von deutschen Städten und Gemeinden bis 1914 geplant, rund 400 davon realisiert. Hinzu kamen 247 sogenannte Bismarcktürme, 116 stehen heute noch. Auch in der Altmark gab es genügend Ehrenbezeugungen aus Stein. Aber nicht ein einziges Denkmal überlebte den 2. Weltkrieg und den darauf folgenden Sozialismus. Umso größer war das Wunder, als »Bürger Bismarck«, vierzig Jahre lang die altmärkische Unperson, von den Geächteten aufstand und wieder seinen Platz in der Geschichte einnahm. So, als wäre nichts gewesen.

Selbst eine touristische Bismarck-Route gibt es mittlerweile. Sie führt durch all jene Städte der Alten Mark, in denen Mitglieder der Familie gewirkt und Spuren hinterlassen haben. Durch Stendal und Burgstall, durch Briest, Sandau und Osterburg, Tangermünde und Schönhausen, durch Krevese, Bismarck und Döbbelin. Ein »Kleines Bismarck-Museum« erinnert in Bismarck an Bismarck, Schönhausen wirbt mit dem Geburtshaus. Und Alexander, ein Großneffe des Kanzlers, öffnet sein Anwesen mit großer Geste der Bevölkerung. Seine »Blaublütige Plauderstunde« über die Bismarcks lockt zahlreiche Busreiseveranstalter nach Döbbelin, dem kleinen Ort bei Stendal. Zudem findet vor dem 1736 erbauten Schloss seit 1991 traditionell der »Bismarcksche Nicolaus-Markt« statt. Zwar ist die Tradition noch jung, aber das tut dem Fest am ersten Adventswochenende keinen Abbruch. Ein betörender Duft nach Bratäpfeln, Glühwein und Pfefferkuchen liegt dann über dem Gut, das Schloss erstrahlt in festlichem Lichterglanz und zarte Kinderstimmen singen von der stillen, heiligen Nacht. Höhepunkt des fröhlichen Treibens ist die von Laien aufgeführte Weihnachtsgeschichte. Abends geht es dann deftiger zu, Fürst Bismarck lädt zur großen Weihnachts-Party. Und da kann es durchaus passieren, dass des »Eisernen Kanzlers« Nachkomme den Leuten in aller Freundschaft ein Gläschen Korn spendiert. Einen echten »Bismarck« natürlich.

DIE GESCHICHTE DER ALTMARK

Mitten in Deutschland, im Dreieck der großen Städte Berlin, Hamburg und Hannover, liegt die »Antiqua Marchia«, die Alte Mark. »Wiege Preußens« wird sie genannt. Eine geschichtsträchtige Landschaft. Sie ist, wie der Name schon sagt, der historisch älteste Teil der Mark Brandenburg. Grenzland! Von hier aus begann die Eroberung des wilden Ostens, die zu den Anfängen des brandenburgischen beziehungsweise preußischen Staatswesens führte.

In den schwer zugänglichen Gebieten östlich der Elbe siedelten slawische Heiden und andere »primitive Barbaren«. So teilt es uns der mittelalterliche Geschichtsschreiber Widukind von Korvei in seinem Buch über die sächsischen Könige Heinrich I. und Otto I. mit. Es gibt keinen Grund, ihm nicht zu glauben. »Der Gesichtskreis Widukinds« sei »zwar etwas eingeschränkt«, bemängelt MEYERS KONVERSATIONS-LEXIKON aus dem Jahre 1894, »aber durchaus zuverlässig, unbefangen und wahrheitsliebend«. Er liefert »unschätzbaren historischen Stoff«. Widukind zufolge gab es für Heinrich I., der von Kindesbeinen an die Kämpfe zwischen Germanen und Slawen an der Elbe miterlebt hatte, nur ein Lebensziel: diesen Landstrich für die deutsche Krone zu erobern.

Der Winter war bitterkalt, als Heinrich im Jahre 929 in das Gebiet der slawischen Heveller eindrang. Der Hauptort der Feinde, die Festung »Brennaburg«, das heutige Brandenburg, galt als uneinnehmbar. Aber Heinrich hatte sich etwas Schlaues ausgedacht. Er verbündete sich mit den »Bataillonen« des Winters. Ein raffinierter Schachzug, denn zu damaliger Zeit fanden die Kriege bei Einbruch der Dunkelheit und schlechtem Wetter »im Saale« statt. Anders gesagt, das Kampfgeschehen ruhte. Und zwar aus gutem Grund. Erstens, weil es keine festen Wege gab und so bei Regen die Welt im Schlamm versank. Zweitens waren im Dunkel der Nacht nicht nur die Katzen, sondern auch die Freunde und Feinde grau … Und drittens! Noch nie hatte es jemand gewagt, sich mit dem Wettergott zu verbünden. Bei klirrender Kälte also zog der Sachsenkönig mit seiner Streitmacht im Schutze der Dunkelheit über erfrorene Seen und Sümpfe gen »Brennaburg«. Die Heveller staunten nicht schlecht, als sie im Morgengrauen einer kriegsfreien Jahreszeit die sächsische Streitmacht vor der sicher geglaubten Festung stehen sahen. Schon nach kurzer Belagerung konnte Heinrich die Burg stürmen. »Mit Gottes Huld und Gnade«, so Widukind, wurden die slawischen Heere in die Sümpfe gedrängt. Das war der Beginn der »Ostpolitik«.

Die Konzeption schien Früchte zu tragen. Lange Zeit verlief die Christianisierung und Kolonisierung der Slawen wie geplant. Dann plötzlich, 983, probten die vereinten Slawenstämme gegen Otto I. den Aufstand. Geführt von der heidnischen Priesterschaft überrannten sie am 29. Juni Havelberg. Drei Tage später fiel Brandenburg. Ein Massaker fand statt. Selbst Tote blieben nicht verschont. Der unlängst begrabene Bischof Dodilo wurde aus der »Gruft gerissen; seine Leiche und sein Bischofsornat waren noch unversehrt; die habgierigen Hunde plünderten sie aus und warfen sie dann achtlos zurück. Alle Kostbarkeiten der Kirche wurden geraubt und das Blut Vieler elendiglich vergossen.« So Widukind.

Der Siegeszug des Kreuzes war gestoppt. Für die nächsten 150 Jahre hatten die slawischen Völker Ruhe vor den Christen. Aber er war trügerisch, der Friede im Grenzgebiet.

Albrecht der Bär, ein Askanier, war es schließlich, der zum letzten Gefecht aufrief. Es sollte siegreich enden. Schon im ersten Anlauf wurde der ehemalige Bischofssitz Havelberg zurückerobert. Am 11. Juni 1157 zog »der Bär« in »Brennaburg« ein. Er nannte sich nun Markgraf von Brandenburg.

Zielstrebig begannen die Askanier damit, im eroberten Gebiet Handelsplätze und Städte zu gründen, die Verwaltung zu organisieren, Land zu besiedeln, es urbar zu machen. So fangen die Dinge immer an: klein und bescheiden.

Im Laufe der Jahrzehnte wurde aus dem einstigen Grenzland, der gefährlichen Nordmark, die beschauliche Provinz »Antiqua Marchia«, wie die Bevölkerung sie nun nannte. Über Jahrhunderte hinweg blieb sie das westlichste Gebiet des Landes Brandenburg. Christof Entzelt, ein Osterburger Pfarrer, dem wir viel Wissen über die Altmark verdanken, beschrieb sie 1579 im CHRONICON DER ALTEN MARCK so:

»Es ist aber das Land die Alte Mark mit hohen Gnaden und Gaben gezieret, einer gesunden Luft, ein reich Kornland, schöner Viehzucht, Butter, Käse, Wolle, Honig, Fleisch, Fische, schön Brot, Wildpret, Küchenspeis und Holz. Die Städte brauen darinnen die herrlichsten Biere, man fängt auch an Weinberge zu legen, welche einen ziemlichen Landwein bringen, und wüßte nicht, was dem Lande gebrechen sollte.«

Erst eine Verwaltungsreform beendete im Jahre 1815/16 die Ehe mit Brandenburg. Die Altmark wurde nach dem Wiener Kongress der preußischen Provinz Sachsen zugeschlagen.

LANDSCHAFTEN IN DER ALTMARK

Meinte früher »Antiqua Marchia« ein politisches Territorium, so bezeichnet heute der Name nur noch eine wunderschöne Landschaft im Norden von Sachsen-Anhalt. Eine Landschaft mit reicher Kultur und Geschichte.

Aber da die Welt, in der wir leben, eine wohlgeordnete ist, hat auch jede Schönheit ihre Grenzen. Die der Altmark verlaufen im Osten parallel zur Elbe. Im Süden versehen die Ohre und die Letzlinger Heide ihr Grenzamt, der Drömling steht im Westen, das Hannoversche Wendland im Norden auf Wacht. Zirka 4 500 Quadratkilometer »Gegend« liegen dazwischen.

Eis hat die Landschaft modelliert. Riesige kalte Platten schoben sich vor Hunderttausenden von Jahren von Skandinavien her über das Gebiet, das wir heute Altmark nennen. Sand, Steine, Schutt und Geröll waren in ihnen eingefroren. Als es vor rund 10 000 Jahren wärmer wurde, das Eis zu »weinen« begann, fanden die Dinge im ewigen Spiel von Wind und Wetter, von Feuer und Wasser ihren Platz. Eine neue Welt war entstanden. Und irgendwann betraten Menschen die Bühne des Lebens. Begannen, sich die Natur Untertan zu machen. Große Waldgebiete fielen den Äxten zum Opfer, Flüsse wurden umgeleitet, Sümpfe trockengelegt. Auch die »Kulturlandschaft« der Altmark wuchs auf diese Weise.

Unverwechselbare Landschaftsbilder sind entstanden, in die man staunend schaut. Da liegt im Herzen der Altmark ein 135 Hektar großes Europäisches Vogelschutzgebiet, der Kalbesche Werder mit dem Tal der Milde. Das Balzen des Großen Brachvogels ist zu hören, der Ruf des Mäusebussards, der die Aufwinde sucht, um sich tragen zu lassen. Jeden Tag, jeden Morgen, jeden Abend das gleiche Wunder. Uferschnepfen, Bekassinen, Ziegenmelker, Saat- und Blässgänse brüten, nicht nur einheimische Vögel, auch zahlreiche nordische Arten rasten hier. Die Sonne steigt höher, die Luft erwärmt sich, in den Weißdornhecken und Feldgehölzen entlang der zahlreichen Entwässerungsgräben veranstalten Jungvögel lautstark ein fröhliches Konzert.

Dann ist da der Drömling, sein Name klingt wie Regen, der auf ein Holzdach fällt. 320 Quadratkilometer groß ist dieses Feuchtgebiet im Südwesten der Altmark, von Ohre und Aller durchflossen. Heimat der Fischotter und des Brachvogels, Lebensraum seltener Orchideen, Lilien und Farne. »Land der tausend Gräben« wird die einst bewaldete Sumpf- und Moorlandschaft genannt. Auf Befehl Friedrich des Großen begannen Kolonisten 1770 damit, diese Region trockenzulegen. Sie wollten neues Land gewinnen. Und sie hielten Wort. 563 Kilometer schnurgerader Kanäle und Gräben durchziehen seither den Drömling. Pappeln stehen an ihren Ufern, ausgerichtet wie eine Ehrenformation. Im Frühling sind die Gräben besonders schön, dann säumen leuchtend gelbe Sumpfdotterblumen die Ränder. Dahinter wachsen saftige Wiesen, auf denen im Sommer hungrige Störche stehen. Mit Wohlgefallen hören sie das Abendkonzert der Frösche. Früher war das sumpfige Gebiet in großen Teilen unpassierbar. Weit auseinander liegende Sandinseln, auf denen mächtige Eichen standen, ragten wie Buckel aus der schwankenden Erde empor. Auf diesen sogenannten Horsten siedelten die Drömlinger Bauern. Ortsnamen wie Krügerhorst oder Hopfenhorst erinnern an diese Zeit.

Seit 1990 ist der Drömling Naturpark. Eine Beispiellandschaft ist entstanden. In fünf Naturschutzgebiete eingeteilt, genießen Tiere und Pflanzen ihre wohlverdiente Ruhe. In einigen Teilen ist diese sogar total. Dem Menschen ist jeder Eingriff untersagt. Für die Natur ein seltenes Privileg: Sie kann mit sich machen, was sie will.

Ein anderer Landschaftstyp: die Elbauen. Wiesen, vollgesogen wie ein Schwamm, eine lebensfrohe Flusslandschaft mit blühenden Moospolstern. Wie Gespenster stehen abgestorbene Weiden und Erlen im Gegenlicht. Mehrmals im Jahr kommt der Fluss die Auen besuchen, überflutet weit das Land. So entsteht ein idealer Lebensraum für viele Tiere und Pflanzen. Mehr als 150 Vogelarten werden hier gezählt, der Röhricht gedeiht, die wilden Rosen blühen und im Elbholz singt die Nachtigall. Auch viele seltene Molch- und Froscharten sind hier zu Hause, an einigen Stellen hat der Elb-Biber sein Revier.

Die Zichtauer Berge: eine karge Landschaft, die mit dem Auf und Ab ihrer Hügel für Rhythmus in der flachen Altmark sorgt. Und in der sich der »gewaltigste« Gipfel der Region befindet, der Lange Berg, 160 Meter ist er hoch.

Ein letztes Landschaftsbild, die Wische. Unter Albrecht dem Bären wurden hier niederländische und flämische Kolonisten angesiedelt, Männer, die es verstanden, Deiche zu bauen. Seit Jahrhunderten ringt der Mensch um diesen nassen, fruchtbaren Boden. Hier, in ihrem Urstromtal, ist die Elbe ein neugieriger Fluss. Stets bereit, das Hinterland zu erkunden. Weit liegen in der flachen Ebene die Dörfer auseinander. Voller Vertrauen stehen die Bauernhäuser um die Dorfkirche herum.

Die Wische ist ein Storchenparadies, jedes Haus hat seinen »Sommergast«. Majestätisch, wie Herolde am Hof, so stehen die großen Tiere an den Ufern der Seen und Tümpel. Beim Auffliegen ziehen sie die Hälse ein, die Beine hängen lang herunter, schwer ist der Schlag ihrer Schwingen. Mit der Arroganz eines Herrschers der Lüfte blicken sie auf die Erde herab. Was muss das für ein Gefühl sein, am Himmel über der Altmark zu schweben und die Welt aus gewagter Höhe zu sehen.

Wie rastende Vögel, so kauern Häuser mit roten Ziegeldächern am Boden. Nur Sonne, Mond und Störche über sich.

STÄDTE IN DER ALTMARK

STENDAL »Das Städtchen Verrières kann als eines der hübschesten der Franche-Comté gelten. Seine weißen Häuser […] breiten sich über den Anhang eines Hügels aus, dessen sanfte Wellen die dichten Kronen stämmiger Kastanien nachzeichnen. Ein paar Fuß unterhalb der Wälle, die, einst von den Spaniern erbaut, jetzt Ruinen sind, fließt der Doubs.«

Mit diesen Zeilen beginnt ROT UND SCHWARZ, ein Werk der Weltliteratur. Der Mann, der diesen Roman schrieb, hieß Henri Beyle. Am 23. Januar 1783 in Grenoble geboren, wurde der Dichter nach freudloser Kindheit und einer an Abenteuern reichen Jugend schließlich kaiserlicher Beamter. Eine erstaunliche Laufbahn. Da wundert es nicht, dass dieser »Verrückte« plötzlich anfing, Romane zu schreiben. Schon zu Lebzeiten lobten wohlwollende Kritiker seinen pikanten Stil. Seine Feinde hingegen, und davon hatte er nicht wenige, warfen ihm krankhafte Jagd nach Originalität vor, unverhüllten Zynismus und Mangel an sittlicher Reife.

Vielleicht war es ja diese Jagd nach Originalität, die dazu führte, dass sich Henri Beyle eines schönen Tages nicht mehr Henri Beyle nannte, sondern Stendhal. Angeblich hatten ihn die Theorien eines Mannes tief in der Seele getroffen, der Johann Joachim Winckelmann hieß, am 9. Dezember 1717 in Stendal als Sohn eines Schuhmachers das Licht der Welt erblickt hatte und am 8. Juni 1768 in Triest einem Raubmord zum Opfer fiel. Aus vollstem Herzen pries der französische Dichter den deutschen Begründer der modernen klassischen Archäologie und der antiken Kunstwissenschaft. Und er beschloss, sich von nun an Stendhal zu nennen. Wie die Stadt wollte er heißen, in der sein geistiges Vorbild geboren, wie das altmärkische Stendal.

Zugegeben, das Ganze klingt wie eine Gute-Nacht-Geschichte. Und ist leider, wie jedes schöne Märchen, nicht verbürgt. Aber ist eine Geschichte deshalb weniger wahr?

Winckelmann, der 1763 zum »Präsidenten der Altertümer« und Scriptor der Vatikanischen Bibliothek in Rom berufen wurde, beeinflusste eine ganze Generation von Denkern. Seine Sicht auf die griechische Kunst be-

Stendal, Kornmarkt mit Rathaus und Marienkirche

stimmte maßgeblich das Schönheitsideal des Klassizismus. Dichter wie Gotthold Ephraim Lessing, Johann Gottfried Herder oder Friedrich von Schiller lagen ihm zu Füßen. Der römische Kardinal Albani und Friedrich der Große gehörten zu seinen Bewunderern. Selbst Johann Wolfgang von Goethe betrat voller Begeisterung den Elfenbeinturm, den Winckelmann sich und seiner Welt erbaut hatte. »Edle Einfalt und stille Größe«, so lautete einer seiner berühmten Lehrsätze. Generationen von jungen Menschen mussten in der Abitur-Prüfung die Interpretation dieses Satzes mit »dem Leben bezahlen«.

Mit einem Bronzestandbild des Berliner Bildhauers Ludwig Wichmann hat Stendal im Jahre 1859 den großen Sohn der Stadt geehrt. Auch ein Platz, ein Museum und eine Straße tragen seinen Namen. Ist er noch spürbar, der Geist des großen Winckelmann? Die Jugendlichen, die sich täglich an seinem Denkmal treffen, sind auch eine Antwort auf diese Frage. Sie trinken Bier und schlagen die Zeit tot. Kein Gesetz der Welt ahndet dieses »Verbrechen«.

Und sonst? Was ist los in der großen Kleinstadt mit ihren 36 306 Einwohnern?

Voll bepackte, fröhlich gestimmte »Kauf-Menschen« bevölkern die Breite Straße. Sie liegt in der Stendaler Altstadt. Kleine Kaufhäuser, Modegeschäfte, Gaststätten, Cafés, Musik-Läden, Eisdielen, Boutiquen, Konsumtempel reihen sich Wand an Wand. Die Breite Straße ist eine Fußgängerzone. Früher wohnten die »feinen« Leute in ihr. Das sieht man den Häusern an. Ein wenig überheblich blicken die Fensteraugen der schönen Backsteinbauten in den Tag. Viele von ihnen haben sich prachtvolle Giebel aufgesetzt, hell und freundlich glänzen die alten Fassaden.

Eng an das prächtige, alte Rathaus gelehnt, steht die Stadtkirche Sankt Marien. Die beiden sind gute Freunde. Das kommt nicht von ungefähr. Sankt Marien wurde im Auftrag der Bürger zwischen 1420 und 1447 erbaut. Als ein öffentliches Zeichen des Stolzes und des Reichtums der Stendaler Kaufleute. Sie entstand in zeitlicher und baulicher Konkurrenz zur geistlich-landesherrlichen Stiftskirche Sankt Nikolaus, auch »der Dom« genannt. Bürgerschaft kontra Kirchenfürsten, so lautete der edle Wettstreit. Jede Seite buhlte um Gottes Gunst, wollte ihm zeigen, wer mächtiger war, wer näher dem Himmel. Den Kirchenbauten tat das gut. Und auch das Rathaus gedieh prächtig. Die Schönheit beider ändert allerdings nichts an der Tatsache, dass nur noch zehn Prozent der Stendaler bekennende Christen sind. Folgerichtig füllt gähnende Leere die Kirchen.

Die Geschichte der Stadt Stendal begann, als im Jahre 1160 Markgraf Albrecht der Bär auf einer vom Fluss Uchte gebildeten Insel einen Marktflecken gründete, dem er bald darauf das Stadtrecht gab. Versehen mit umfangreichen Markt- und Zollprivilegien, benötigte die junge Stadt nur wenige Jahrzehnte, da reichten ihre Geschäftsverbindungen schon von Ost nach West, von Nord nach Süd. Vor allem die flämischen Kaufleute waren gern gesehene Partner. Sie brachten die begehrten Tuche nach Stendal und erhielten im Gegenzug Getreide, Pech, Asche, Leinwand, auch Kupfer, Blei und Zinn aus dem nahen Harz. Ja, selbst Heringe waren hier zu haben.

Schon bald war Stendal die größte und mächtigste Stadt der Altmark. Der Fernhandel war wie eine Lizenz zum Gelddrucken. Die notwendigen Spielregeln gaben sich die Großkaufleute selbst. Dazu schlossen sie sich zur Gilde der Gewandschneider zusammen, das war ein vornehmer, betuchter Klub. Wer in ihm Mitglied war, saß an den Schalthebeln der Macht, bestimmte die Stadträte, verteilte die Posten. 1345 wurde den Handwerkern diese Großmannssucht zu viel, sie revoltierten. Der Magistrat gab nach, und die Verfassung der Stadt wurde zugunsten der Zünfte reformiert. Nur noch zwei der insgesamt zwölf Ratsherrn durfte die Gewandschneidergilde stellen. Und einige ungeliebte Ratsmitglieder, zu ihnen gehörten die Bismarcks, mussten die Stadt ver assen. Die Macht der Gilde aber, die war ungebrochen. Sie wuchs sogar, als Stendal 1359 dem mächtigen Bund der Hanse beitrat.

Wahrscheinlich ist das der Grund, warum das um 1410 entstandene Rathaus am Kornmarkt so hanseatisch wirkt: ein roter, unverputzter Backsteinbau, ein prächtiges Gebäude. Auch bei der Innenausstattung bewiesen die Kaufleute Geschmack. Neben dem sehenswerten Festsaal und dem heutigen Dienstzimmer des Oberbürgermeisters wird besonders die geschnitzte Wand im Ratssaal bewundert. Die Holzarbeit stammt aus dem Jahre 1462 und gehört zu den wenigen in Ostdeutschland erhaltenen Beispielen einer figürlichen Täfelung. Sie ist ein Meisterwerk der berühmten Stendaler Holzschnitzerschule, deren künstlerisches Personal zu jener Zeit im Zenit ihres Könnens stand.

Auch die Marienkirche ist reich ausgestattet. Einzig in seiner Art: der prächtig geschnitzte Hochaltar von 1471, ebenfalls ein Werk der einheimischen Holzkünstler, desgleichen das Chorgestühl, das Meister Hans Ostwalt schuf. Die reich bemalte Kanzel (1566) zeigt u. a. die vermutlich älteste Stadtansicht von Stendal. Unter der schönen Orgel weiß eine wertvolle astronomische Uhr aus dem 16. Jahrhundert, was die Stunde geschlagen hat. Doch der besondere Stolz der Kirche sind »Maria« und »Anna«, zwei Glocken, beide 1490 gegossen. Sie zählen zu den klangvollsten Stimmen Europas.

Nicht minder unverwechselbar der »Dom« St. Nikolaus. Neu erbaut im Jahre 1423. Alle zwölf hohen Fenster des Chors sind farbig verglast. Ebenso die sechs Querhausfenster und die vier östlichen des Seitenschiffs. Das gläserne Gesamtwerk enthält mehr als tausend Scheiben und stellt das Leben Jesu dar. Eine »Rundumverglasung« dieser Art ist selten unter den deutschen Kirchenbauten des späten Mittelalters. Wenn die Strahlen der Sonne durch die farbigen Fenster fallen, tauchen sie die Kirche in ein seltsames, geheimnisvolles Licht.

Der Roland vor dem Rathaus ist heute nur noch eine Kopie seiner selbst. Ein gewaltiger Orkan hatte im November 1972 das 7,80 Meter hohe Symbol der Marktfreiheit und Gerichtsbarkeit vom Sockel geholt. Die Diagnose war schnell gestellt: Der im Jahre 1525 geborene Kerl litt an Alterserscheinungen. Er hatte einen hohen Verwitterungsgrad. Die kolossale Figur, der Stendaler ist der drittgrößte Roland Deutschlands, wurde unverzüglich in die Bildhauerwerkstatt des VEB Denkmalpflege in Magdeburg überwiesen. Dort klonte man die Sandsteinfigur 1974 in aller Stille. Nun steht das Original im Museum und die Kopie im wirklichen Leben.

Was die meisten Besucher Stendals übersehen: Auf der Rückseite des Rolands hockt ein Narr. Er hält in seiner linken Hand das Stadtwappen, in seiner rechten einen Dudelsack.

Ob es sich bei der Figur um Till Eulenspiegel handelt, ist nicht gewiss. Der Volksmund zumindest weiß zu berichten, dass Till Eulenspiegel sich einmal in Stendal aufgehalten haben soll, um den Bürgern einen Streich zu spielen. Angeblich schlich er sich ins Rathaus und rief den Honoratioren der Stadt zu: »Euer Roland ist in Ordnung, doch er müsste etwas länger sein.« – Das empörte die Ratsherrn: »Was soll der Quatsch, wir wollen ihn nicht länger haben.« Till Eulenspiegel lief schnurstracks durch die Stadt und rief den Bürger zu: »Eure Ratsherrn wollen den Roland nicht länger haben.« Es gehört nicht viel Phantasie dazu, sich auszumalen, was nun geschah. Aufruhr, Empörung, Revolution, die Ratsherrn waren entsetzt und begriffen erst langsam, dass der fremde Kerl sie für dumm verkauft hatte.

Während dieser Narr zumindest auf der Rückseite des Rolands ein öffentliches Plätzchen gefunden hat, lebt ein anderes Original, ein ortsansässiges, nur noch in den staubigen Regalen des Stadtarchivs. Die Rede ist vom Gastwirt Ludwig Schulze, der sich unter die Tarnkappe eines Grobians begab, um seinen Gästen auf geistreiche Weise »dumm kommen zu können«. Seine Grobheiten hatten ihn zu einer regionalen Berühmtheit gemacht.

Am 5. Januar 1900 musste das ALTMÄRKISCHE INTELLIGENZ- UND LESE-BLATT leider seinen Abonnenten mitteilen, dass Ludwig Schulze am 27. Dezember 1899, angetan mit dem letzten Hemd des Büßers, die Erde verlassen hatte. Gleichzeitig gab man einer Person das Wort, die in besagtem Lokal extra zu dem Zwecke eingekehrt war, um »an Ort und Stelle« zu überprüfen, ob der Wirt tatsächlich so ein ungehobelter Patron sei. Überraschenderweise wurde sie von ihm mit ausgesuchter Höflichkeit bedient, so »daß sie sich schließlich der Frage nicht enthalten konnte, ob sie sich wirklich dem Gastwirt Ludwig Schulze gegenüber befinde. Als ihr Gewißheit geworden war«, gestand sie dem Wirt, nur gekommen zu sein, »um sich einmal gründlich dumm kommen zu lassen«. Schulze hörte sich das Gerede eine Weile lang ruhig an. Dann polterte er los: »Da hätt' ich ja viel zu tun, wenn ich jeden dummen Jungen dumm kommen sollte.«

Mit dem Gastwirt Ludwig Schulze, so das Lokalblatt, wurde »wieder ein Stück altmärkische Gradheit und Derbheit« zu Grabe getragen. Eigenschaften, die die »Altmark« einst groß gemacht hätten. Stimmt!

GARDELEGEN

Aber nicht jeder ließ sich gerne dumm kommen. Kurfürst Johann Cicero beispielsweise nahm dies sogar mächtig übel. Keine Stadt der Altmark wird je die Bierrevolution vergessen. Immer vorausgesetzt, Städte haben ein Gedächtnis. Gardelegen jedenfalls kann sich noch gut an jenen Mai des Jahres 1488 erinnern …

Unter dumpfem Trommelschlag zogen die Truppen des Kurfürsten vor das prächtige, spätgotische Rathaus, von dem aus die Stadt seit dem Jahr 1241 »regiert« wird. Hinter den Fenstern der Häuser saßen die Bürger: kreidebleich. Ab und zu nur riskierten sie einen angstvollen Blick nach draußen. Werden auch in Gardelegen Köpfe rollen? So wie bereits in Stendal, Tangermünde und in Osterburg … Hoffentlich gab es niemand, der den aufrührerischen Schrei gehört, den man da leise vor dem Rathaus ausgestoßen hatte: Nieder mit dem Kurfürsten!

Aber es war ja auch eine adlige Unverschämtheit, was die hohen Herren sich da erlaubt hatten … Als vor einigen Wochen der Landtag in Berlin zusammengetreten war, schien die Welt noch in Ordnung. Aber dann gelang dem schlauen Cicero ein Coup, von dem seine Vorgänger nicht einmal zu träumen gewagt hätten: Die Stände bewilligten ihm eine Biersteuer in Höhe von 12 Pfennigen pro Tonne. Vier Pfennige davon sollten die Städte bekommen, den großen Rest genehmigte Johann sich selbst. Und die Zeche sollte wie immer der kleine Mann bezahlen. Während Adel und hoher Klerus von der Biersteuer befreit waren.

Als das Ergebnis des Landtages bekannt wurde, schäumte die Volksseele wie »frisch gezapftes Bier«. Gerstensaft war schließlich Getränk Numero Eins in der Altmark. Es gab die verschiedensten Sorten und Qualitäten. Dünnes Bier und starkes Bier, schwarzes, braunes, helles … Brauen galt als große Kunst. Schon zum Frühstück stand ein Humpen auf dem Tisch. Herrliche altmärkische Trinksitten sollte man meinen. Doch weit gefehlt: Bier war der reine Durstlöscher, es hatte so gut wie keinen Alkoholgehalt.

In Stendal begann die Bierrevolution. Aufgestachelt durch allerlei Pöbel, rotteten sich gottesfürchtige Männer zusammen. Grölend zogen sie durch die Straßen. Ihr ganzer Zorn traf schließlich das Rathaus. Wild entschlossen stürmten sie den städtischen »Regierungssitz«. Dort hatten sich die Stadtoberen vor lauter Schreck schon mutig hinter ihren Schreibtischen verschanzt, den Angstschweiß auf der Stirn. Als die Lage immer bedrohlicher wurde für Leib und Leben, gaben sie auf und widerriefen heldenhaft die vom Landtag beschlossene Biersteuer, die sogenannte »Bierziese«. Wie ein Lauffeuer verbreitete sich im Lande die Nachricht vom Sieg, erreichte Tangermünde, Salzwedel, Gardelegen …

Gardelegen

Hier hatte man eine besonders feine Nase für alles, was Bier betraf. Schließlich lebte die Stadt vom Gerstensaft. Seit anno 1314 besaß Gardelegen das Malzrecht, Bier wurde weltweit exportiert, hatte den Ort wohlhabend gemacht. Die grünen Hopfenranken im Stadtwappen erzählen davon. Bis nach Indien lieferte man das »Garley«, das bekannt würzige Gardelegener Bier. Und dieses Geschäft sollte nun besteuert werden? Nein!

Voller Empörung zogen Bierbrauer und brave Bürger, kräftig unterstützt von professionellen Krawallmachern, vors Rathaus. Hand in Hand spielte man dort »Knüppel aus dem Sack«. Und es geschah, was bereits in den anderen altmärkischen Städten geschehen war: Auch in Gardelegen fiel die Biersteuer. Fröhlich feierten die Menschen den Sieg.

Wer nun geglaubt hätte, Kurfürst Johann Cicero würde diesem Treiben tatenlos zusehen, der irrte. Der Kurfürst lachte sich eins ins Fäustchen. Für ihn war der Aufruhr eine willkommene Gelegenheit. Ein für allemal wollte er den Hochmut der aufmüpfigen altmärkischen Städte brechen. Voller Tatendrang spannte er seine Truppen ins Geschirr und machte sich waffenklirrend auf den Weg. Tangermünde war die erste Stadt, die sich zu beugen hatte. Dann folgten Stendal, Osterburg, Werben ...

Und nun also standen die kurfürstlichen Truppen in Gardelegen mit seinen inzwischen ängstlichen Bürgern. Johann Cicero hielt Wort. Er nahm den Städten ihren Stolz. Und den Rädelsführern das Leben. Traurig läuteten die Glocken der nahen Stadtkirche Sankt Marien, als die Köpfe der Anführer in den altmärkischen Sand rollten.

Nachdem nun alle Städte besiegt und ihrer Privilegien beraubt waren, setzte der Kurfürst den Punkt aufs »i«: Nicht zwölf, nein sechzehn Pfennige hätten ihm die Kommunen in Zukunft zu zahlen. Ohne selbst auch nur einen einzigen Penny zu sehen. Punktum. Es war ein Sieg auf der ganzen Linie.

Im Heimatmuseum, schon 1929 von geschichtsbewussten Bürgern gegründet, kann man mehr über Gardelegen erfahren. Und eine angenehme Bekanntschaft schließen. Mit Otto Reutter, dem berühmten Sohn der Stadt. Seine Couplets eroberten um 1900 die Varietés von Berlin und Deutschland. Auch ein Biermuseum gibt es. Im Keller der ehemaligen Löwenapotheke ist alles versammelt, was Bier und Gardelegen miteinander verbindet. Interessante Schaustücke sind zu sehen. Wahrscheinlich wären sie zu reiner Theorie verkümmert, hätte nicht ein kluger Mensch eine praktische Idee gehabt. Seither wird im Biermuseum Bier ausgeschenkt. »Garley« natürlich. Täglich frisch gezapft.

Osterburg

OSTERBURG In Osterburg dagegen wird frischer Spargel gestochen. Die kleine Stadt am Rande der Wische ist berühmt für ihre »wandernden« Spargelfelder. Immer dann, wenn der Wind kräftig bläst, fliegt der altmärkische Mutterboden als Staubwolke durch die Luft. Und es sieht aus, als würden sich die Spargelreihen fortbewegen.

Osterburg hat sich mit seinen knapp 7000 Einwohnern zwischen den Flüssen Biese und Uchte angesiedelt. Entstanden ist die Stadt aus der Oster-Burg, der ersten deutschen Burg im Osten. Wie ein Bollwerk stellte sie sich den Feinden entgegen.

Osterburg wurde nie sonderlich groß, aber durch Handel mächtig. Bis ein schreckliches Feuer im Jahre 1761 der Stadt die Lebenskräfte nahm. Und das kam so: Seit geraumer Zeit schon wollte dem Braumeister Rogge das Bier nicht mehr so recht gelingen. Es hatte einen faden Geschmack, und auch mit der Farbe schien etwas nicht zu stimmen. Für den abergläubischen Mann konnte das nur einen Grund haben: Die Braubottiche waren verhext. Schnell ließ sich Rogge einen erfahrenen Okkultisten aus Stendal kommen, der dem Spuk mittels Feuer ein Ende machen sollte. Doch o Schreck ... Beim Ausräuchern der Bottiche griffen die Flammen auf das Gebäude über, von dort sprangen sie fröhlich auf des Nachbars Haus ... und kurze Zeit später lagen zwei Drittel von Osterburg in Schutt und Asche.

Der Glaube, so sagt man, versetzt Berge. Und der Aberglaube, des Glaubens gefährlicher Bruder? 1761 zumindest versetzte er eine ganze Stadt in Angst und Schrecken.

ARENDSEE Auch Arendsee am Arendsee, umgeben von herrlichen Wäldern, hat Unheil erlebt.

1184 gründeten Benediktinerinnen am Ufer dieses herrlichen Gewässers ein Kloster. Allmählich entstand dann im Schatten der Abtei die Stadt. Handwerker siedelten sich an, Bauern, Fischer. Wald und Feld boten alle Möglichkeiten, sich des Lebens zu erfreuen. Da geschah etwas Unheimliches:

»Im Jahr Christ 1685, den 25 November, am Katharinentag, zwischen zwei und drei Uhr nachmittags, ist bei anhaltendem, starken Nordwestwind [...] ein Stück Landes an Kraut und Kohlgärten und ander Land, im Umfang bei die zweitausend Schritt, samt dem Mühlenberg, der daraufgestandenen Amts-Windmühle, und bei die sechs Wispel Mahlkorn mit großem Krachen in die Tiefe versunken.«

Noch am nächsten Morgen rumorte es im See. Wieder brach ein Stück des Ufers ab. Und »eichenstarke

Quellen« schossen in die Höhe. Entsetzt flüchteten die Menschen ins Hinterland. Nur ganz Mutige erklärten sich bereit, an diesem verhexten Ufer Wache zu stehen. Was war geschehen?

Große, kraterähnliche Höhlen auf dem Grund des Sees waren eingestürzt. Wahrscheinlich durch das Gewicht des Wassers. Heftige Regenfälle hatten es dramatisch erhöht und so den Reinfall heraufbeschworen. Geologisch gesehen: kein Geheimnis. Wie wir heute wissen, gehört der Arendsee zu den seltenen Einbruchseen. Seit dem letzten »Bruch« ist er 3,2 Kilometer lang, 2,1 Kilometer breit und durchschnittlich 29,3 Meter tief. Er hat eine Fläche von 554 Hektar. Und er hält seine Form. Was man von der alten Klosterherrlichkeit nicht sagen kann. Nur noch die romanische Klosterkirche aus dem Jahre 1208, eine dreischiffige Pfeilerbasilika, ist geblieben. Durch die Ruinen der Abtei pfeift längst der Wind.

Der Arendsee, die »Perle der Altmark«, ist ein Paradies für Wassersportler und Naturfreunde. Gustaf Nagel war ein solcher. Ab 1888 lebte dieser sonderbare Mann am See. Er nannte sich »wanderprediger und tempelwechter, fon gottes gnaden«. Heftige Stiche in der Brust zwangen ihn zu gesunder Lebensweise. Nagel begann im Freien zu leben, baute sich eine Erdhöhle und bezog sie mit einigen »Exemplaren holder Weiblichkeit«. Fortan mied er Fleisch und Alkohol, huldigte der paradiesischen Lebensweise, bevorzugte Rohkost und schwor auf kalte Bäder. Das rief die Ordnungsmacht auf den Plan, 1900 wurde Nagel »als Spinner« entmündigt. Ausgerechnet das machte ihn populär. Schnell entdeckte der »Eremit«, dass sich seine Skurrilität gut vermarkten ließ. Er verkaufte Obst- und Gemüsesäfte eigener Produktion und dichtete ihnen besondere Heilkräfte an, er nahm Eintrittsgeld und hielt Vorträge zu Themen wie »mein lebensinhalt und zil« oder »wi werde ich gesund und energisch und mit sigreichen intelligenz zu glück und wohlstand geführt?«. Ausführungen, die man auch gedruckt bei ihm kaufen konnte. Nun erfreuten sich sogar die Stadtoberen seiner, denn Nagel war ein prächtiger Steuerzahler. Tausende von Menschen zog es zum Arendsee, den Prediger zu erleben. 1902 pilgerte der Messias nach Jerusalem. Mit frischen Inspirationen und einer 18-jährigen Österreicherin kehrte er zurück. Kurz darauf wurde geheiratet. Die Ehe ging schief. Und auch die nächsten zwei scheiterten. 1910 hatte Nagel genug Geld, um sich ein Grundstück am See zu kaufen. Er baute sich einen eigenen Tempel. Phallische Säulen, Lotosblumen, Bänke und Grotten bildeten von nun an den malerischen Hintergrund seiner Predigten. Von 1922 an schrieb er Gedichte. Orthografisch gesehen war Nagel ein Vorreiter der neuen Rechtschreibreform. Seine Devise lautete: »schreib wie du sprichst«. 1924 gründete er die »deutsche kristliche folkspartei«, nahm an den Wahlen teil und erhielt 6 448 Stimmen. In seiner Funktion als Reichstagskandidat protestierte er gegen die Rassenverfolgung der Nazis und landete im KZ Dachau. 1944 kam er in die Nervenheilanstalt Uchtspringe. 1945 begann er wieder zu predigen. Aber es war nur noch ein kurzes Aufflackern. Am 15. Februar 1952 verstarb der skurrile Prophet. Auf dem Friedhof von Arendsee ist er beigesetzt. »hir ruht in got gustaf nagel« steht auf dem schlichten Kreuz.

SALZWEDEL Nur einen ordentlichen Katzensprung von Arendsee entfernt liegt Salzwedel, zweitgrößte Stadt der Altmark mit 20 514 Einwohnern. Ihre erste offizielle Erwähnung fand sie unter dem Namen »Saltwidele« im Jahre 1112. Die Stadt an der Salzstraße Lüneburg–Magdeburg wuchs so schnell, dass bereits 1247 eine »New Statt« mit der Katharinenkirche als Mittelpunkt benötigt wurde. Sie erhielt vom Kurfürsten die gleichen Rechte wie die Alte Stadt, legte sich eine eigene Stadtmauer zu, ein eigenes Rathaus, eigene Schulen und Kirchen. Von nun an existierte Salzwedel als »doppeltes Lottchen«. Jeder Versuch, die verfeindeten Schwestern zusammenzuführen, scheiterte. Erst als 1713 der preußische König Friedrich Wilhelm I. ein Machtwort sprach, kroch man per Dekret unter die gemeinsame Decke.

Die wirtschaftliche Basis beider Städte war seit eh und je der Salz- und Fernhandel. Tuch- und Leinenweberei kamen hinzu. Als ökonomischer Vorteil erwies sich die Lage Salzwedels an der Jeetze. »Selten jeht se, meistens steht se«, so reimte der Volksmund. Trotzdem war das brave Flüsschen schiffbar, verband Salzwedel mit der Elbe. Und damit mit dem Rest der Welt. 1263 trat die Stadt der Hanse, dem »internationalen Handelskonzern«, bei.

So steil der wirtschaftliche Aufstieg auch war, bergab ging es in Etappen. 1488: Bierrevolution, die Stadt verlor wichtige Privilegien. 1518: Austritt aus der Hanse, man war der Konkurrenz des Mitbewerbers Hamburg nicht gewachsen. Im Dreißigjährigen Krieg schließlich verarmte Salzwedel völlig. Erst 1870 begann mit dem Anschluss an das nationale Eisenbahnnetz der Wiederaufstieg. Industrien siedelten sich an, darunter Chemiewerke und eine Pumpenfabrik.

Dort, wo die Jeetze fließt, sind die schönsten Stadtbilder von Salzwedel zu sehen. Brücken überqueren den kleinen Fluss, die auf Eichenpfählen stehenden Fachwerkhäuser in der Burgstraße tragen ein mittelalterliches Gesicht. In den herrlich verwinkelten Gassen stößt man immer wieder auf kleine Kostbarkeiten. Schöne alte Türen, originelle Beschläge und Schlösser, dekorative Hauszeichen und Inschriften. In der Schmiedestraße 27 zeigt ein frei nach Motiven von Albrecht Dürer geschnitztes Relief (1534) Adam und Eva. Auch große Teile des mittelalterlichen Mauerrings sind erhalten, das Neuperver Tor, ein schlichter Backsteinbau, entstand zwischen 1460 und 1470. Die Mönchskirche, geweiht in der 2. Hälfte des 13. Jahrhunderts, ist seit 1986 Konzert- und Ausstellungshalle.

Die ursprünglich romanische, aus Feldsteinen errichtete Marienkirche gilt als ältestes Bauwerk der Stadt. Im Inneren berührt der reich vergoldete Schnitzaltar, den 1510 ein unbekannter deutscher Meister schuf. 30 Reliefs und 22 Plastiken erzählen von der Geburt Marias, der Passion Christi und dem Weltgericht. Der Altar ist der schönste der Altmark. Weitere Kostbarkeiten sind das geschnitzte Lesepult (um 1250) und der bronzene Taufkessel eines Nürnberger Meisters. Der 86 Meter hohe schiefe Turm der Kirche gilt als Wahrzeichen der Stadt. Es heißt, die Erbauer hätten ihn absichtlich gegen den Wind geneigt, um ihm Kraft und Stabilität zu verleihen.

Weitere Prachtbauten sind das Ritterhaus (1596) mit herrlichen Balken- und Portalschnitzereien, das Terrakottahaus (1722), die Pfarrkirche Sankt Katharinen (13. Jahrhundert) mit dem »Einhornaltar«, die Alte Münze, der »Bürgermeisterhof« von 1534, der Hansehof am ehemaligen Hafen und ein kleines Museum für eine adlige Dame: Jenny von Westphalen, verehelichte Frau Karl Marx.

Salzwedel, Steintor

Salzwedel hat sich um die zuckersüße Welt verdient gemacht, hier entstand der Baumkuchen. Eine Kalorienbombe zwar, aber was für ein Genuss! Der Kuchen wird über offenem Buchenholzfeuer gebacken. Wie Fleisch am Spieß. Dazu wird ein Rundholz, ein sogenannter »Prügel«, waagerecht vor der Flamme gedreht und mit feinem Teig begossen. Kuchenring auf Kuchenring setzt sich so ab, bis schließlich die äußere und innere Struktur des Kuchens einem hohlen Baumstamm gleicht. Diesen überzieht man in der klassischen Variante nach dem Abkühlen mit Zuckerguss. Wer es moderner möchte, nimmt helle, dunkle oder weiße Schokolade. Als Friedrich Wilhelm IV. (1795–1861; König von 1840–1858) am 26. Mai 1841 Salzwedel besuchte, gab die Stadt ihm zu Ehren im »Schwarzen Adler« ein Essen. Zum Nachtisch wurde ein Baumkuchen gereicht. Das bisher nicht gekannte Gebäck mundete dem Monarchen so vorzüglich, dass er darum bat, den Rest seiner Gemahlin mitnehmen zu dürfen. Louise Lentz, die geschäftstüchtige Wirtin der Lokalität, freute sich sehr über den süßen Erfolg und sandte ihrem König zu Weihnachten einen Baumkuchen an den Hof. Prompt erhielt sie als Gegengabe ein herrliches Service aus Meißner Porzellan. Bald folgten Bestellungen aus Wien, London und Petersburg. Der Weg in die Welt war dem Baum aus Kuchen geebnet.

Nach dem Königsbesuch ließ sich häufig ein stiller Gast im »Schwarzen Adler« blicken. Er bestellte sich mit schöner Regelmäßigkeit eine Tasse Kaffee und zwei Stücken Baumkuchen. Nach einigen Probierwochen sagte er plötzlich zu Mamsell Lentz, wie Louise kurz genannt wurde: »Ich krieg's doch nicht so raus wie Sie, Mamselling.« Dieser stille Gast war Konditor Andreas Fritz Schernikow, dessen Stern als Meister des Baumkuchens bald aufgehen sollte. Mit seinem ganz persönlichen Rezept setzte er die Tradition fort, die mit Mamsell Louise Lentz begonnen hatte. Schnell avancierte seine Bäckerei und Konditorei in der Holzmarktstraße zum Geheimtipp aller Baumkuchen-Liebhaber aus Salzwedel und der Welt. 1865 erfüllte sich sein größter Wunsch: König Wilhelm I. kürte Schernikow zu seinem Hoflieferanten.

Heute gibt es nur noch vier Konditoreien in Salzwedel, die das süße Geheimnis der Baumkuchenherstellung kennen. Erster unter Gleichen ist Oskar Henning. Ihm wurde von den Nachfahren der Schernikows das Originalrezept anvertraut. Seit der Wende wuchert er mit diesem Pfund. Es ist, sozusagen, seine Frucht vom Baumkuchen der Erkenntnis.

HAVELBERG Kurz vor der Einmündung der Havel in die Elbe liegt auf einer Insel inmitten des Stromes das kleine Havelberg mit seinen 7 359 Einwohnern. Als Erstes fällt dem Besucher der wuchtige, kraftstrotzende Dom ins Auge, der sich auf dem knapp zwanzig Meter hohem Steilufer erhebt. Sankt Marien gibt der Stadt das Gepräge. Havelberg ist keine Stadt mit Dom, nein, hier hat ein Dom seine Stadt. Klein und schutzbedürftig scharren sich die Häuser um die Huldigungsstätte Gottes. Das gewaltige Bauwerk sieht einer Burg ähnlich.

Im Jahre 948 wurde Havelberg erstmals urkundlich erwähnt. Ein Bischofssitz. Doch schon bald geriet die deutsche Grenzfeste gen Osten zwischen die Fronten, 983 wurde sie von den Slawen zurückerobert. Für gut 150 Jahre existierte das Bistum nur noch auf dem Papier, erst 1137 konnten die hohen christlichen Würdenträger wieder in Havelberg einziehen.

Schon bald darauf begannen die Mönche des Prämonstratenserordens damit, einen Dom zu errichten. Das Baumaterial dazu holten sie sich aus den Steinbrüchen bei Plötzky, transportierten es über die Elbe nach Havelberg. Bereits 1170 konnte das Gotteshaus nach nur zwanzigjähriger Bauzeit geweiht werden. Noch heute sind Elemente dieser frühen Epoche erkennbar. Im Inneren gliedern schmale Backsteinpfeiler die Wände des Doms und neigen sich in spitzen Bögen zueinander. Der gotische Umbau der Kirche begann nach einem Brand im Jahre 1279. Heute vereinigt der Dom die unterschiedlichsten Stilelemente, erzählt uns durch sie seine jahrhundertealte Lebensgeschichte aus Zerstörung und Auferstehung. Auch die Innenausstattung von Sankt Marien ist prachtvoll. Als ein Höhepunkt christlicher Kunst gilt den Kennern der wunderschöne Lettner, die steinerne Chorschranke mit ihren wertvollen spätgotischen Plastiken. Die figürlichen Meisterwerke erzählen den Gläubigen die Leidensgeschichte des Jesus von Nazareth.

Was auch immer mit Havelberg geschah, alles hing zusammen mit der strategischen Lage der Stadt an der Havel. Der Fluss bestimmte Handel und Wandel. Noch um 1900 war die Havelschifffahrt ein blühender Erwerbszweig. Es gab in der Stadt vier Werften, Kontore, Segelmacher, Spediteure, eine Agentur der Dampfschifffahrt-Gesellschaften, einen Laden für »sämtliche Schiffsutensilien« und einen Hafen, in dem die Dampfer, die zwischen Berlin und Hamburg pendelten, gerne vor Anker gingen. Auf dem Höhepunkt der Havelschifffahrt um 1900 registrierte man dort im Durchschnitt über 12 000 Schiffe pro Jahr. Dazu kamen unzählige Flöße mit Bauholz für Berlin und Hamburg. In der Schulordnung der Stadt stand zu lesen: »Der Knabe geht […] mit dem 14. Lebensjahr auf einen Kahn oder gleich auf den Schleppdampfer, versieht dort 1–2 Jahr Schiffsjungendienst und kann alsdann, wenn er körperlich hierzu befähigt ist, als Halb- oder Dreiviertel-Mann mit höherem Lohn den Dienst versehen […].«

Daneben hatte die Stadt Ziegeleien in großer Zahl, Verblendsteine aus Havelberg besaßen einen guten Ruf. Stolz lernte der Schüler im Heimatkunde-Unterricht, dass »die prächtige Siegessäule auf dem Königsplatze in Berlin zum großen Teile aus Havelberger Steinen erbaut wurde«. Auch die Fischerei blühte. Jeden Mittag und Abend holte der Fischkäufer die Ware ab und versandte sie in verschließbaren Fässern fangfrisch nach Berlin. Dort war das feste Fleisch der Havelfische besonders begehrt, ein gebratener Havelzander hoch geschätzt.

Und dann gab es noch den Havelberger Pferdemarkt. Er war so berühmt, dass ein Schuljunge, befragt nach den drei wichtigsten Festen des Jahres, geantwortet haben soll: »Das heilige Weihnachtsfest, das heilige Osterfest und das heilige Pferdemarktfest.« Vielleicht ist das ja auch nur eine Anekdote. Verbürgt jedenfalls ist die Berühmtheit des Pferdemarktes. Und die Tatsache, dass er nie heilig war. Irgendwoher muss das Wort vom Rosstäuscher ja kommen.

Den Pferdemarkt jedenfalls, den gibt es heute noch. Jeweils am ersten Wochenende im September findet er statt. Er hat nichts von seiner Anziehungskraft eingebüßt. Obwohl wir nicht mehr im Pferde-Zeitalter leben, nutzen über 300 000 Menschen aus nah und fern den Anlass, um wieder einmal die malerische, kleine Stadt auf der Havelinsel zu besuchen, die mit ihrer großen Vergangenheit deutsche Geschichte geschrieben hat.

JERICHOW Ein Ort wie ein Posaunenstoß. Und doch hat unser kleines Städtchen im wasserreichen Niederungsgebiet der Elbe nichts gemein mit jenem biblischen Jericho, dessen jahrtausendealte Mauern durch das Blasen von Posaunen umgefallen sein sollen. In der Nähe von Tangermünde gelegen, bemüht sich der kleine Ort mit seinen 2 234 Einwohnern (mitgezählt sind die der eingemeindeten Ortsteile Klietznick, Steinitz und Mangelsdorf), den mehr als 20 000 Touristen, die ihn jährlich besuchen, ein würdiger »Klosterherr« zu sein. Wer Superlative liebt, bitte schön: Kloster Jerichow ist eines der frühesten, schönsten und am besten erhaltenen Denkmale deutscher Backsteinkunst im romanischen Stil östlich der Elbe.

1144 gründeten Chorherren aus dem Magdeburger Kloster Unser lieben Frauen ein Prämonstratenser-Stift unweit des slawischen Fischerdorfes Jerichow. In rund hundert Jahren Bauzeit entstand das Gotteshaus, dessen mächtige Westtürme wie ein christliches Ausrufezeichen in die weite Elbniederung hineinragen.

Das gesamte Ensemble ist umfassend restauriert. Klosterkirche, Klausur und der den Innenhof umschließende Kreuzgang strahlen eine schlichte Würde aus. Die Sakralkunst im Inneren des als Basilika errichteten Gotteshauses beschränkt sich auf die reich ornamentierten Kapitelle in der zweischiffigen Krypta. Eine absonderliche Bilderwelt ist da in Stein gemeißelt. Seltsame Pflanzen, Tierköpfe, die Menschen verschlingen, geheimnisvolle Dämonen, ungewöhnliche Motive, die man so nirgendwo sonst in Deutschland findet.

Das Kloster, in dem neben Gottesdiensten auch sommerliche Konzerte von Mai bis September stattfinden, gehört wie die Stadtkirche des kleinen Ortes aus dem Jahre 1230 zur »Straße der Romanik«.

TANGERMÜNDE Aus welcher Richtung man auch immer Tangermünde betritt, schon von Ferne grüßt Sankt Stephan. Der Bau wirkt gewaltig. 94 Meter hoch reckt sich der Turm in den Himmel. Ein Zeigefinger Gottes. Er ist der höchste der alten Mark. Die Kirche war um 1185 als geistiges Zentrum eines geplanten Bistums errichtet worden. Im 14. Jahrhundert wurde Sankt Stephan Pfarrkirche und in der Sprache der Backsteingotik umgebaut.

»Gloria sei Dir gesungen in der Höh«, eine Fuge von Bach erklingt durch das offene Portal. Himmelhoch jauchzen die Stimmen der Orgel. Das schöne Instrument stammt aus dem Jahre 1624. Es ist ein Werk des namhaften Hamburger Orgelbauers Hans Scherer d. J. Etwa die Hälfte der 1 900 Pfeifen sind Originale, geschaffen noch von der Hand des Meisters. Die Orgel zählt zu den wertvollsten Instrumenten Europas. Jahrelang restauriert, erklingt sie nun wieder im Gottesdienst und bei Konzerten.

Wer durch die herrlichen mittelalterlichen Tore Tangermünde betritt, ist sofort gefangen von dem schönen Stadtbild. So etwas ist in dieser Geschlossenheit heute nur noch selten zu finden. Magisch laufen die Straßen dem Marktplatz entgegen, auf dem selbstbewusst das Rathaus steht. Es ist das bekannteste Gebäude des Ortes. Errichtet im 15. Jahrhundert, lässt es keinen Zweifel am Reichtum und der politischen Macht der Patrizier, die es einst erbaut. Um 1430 erhielt der Ostflügel seine prächtige Schauwand, um 1600 wurde das Rathaus nachträglich unterkellert.

Die wenigsten Besucher wissen, dass in Tangermünde eine Stadt unter der Stadt existiert. Mit kilometerlangen, geheimnisvollen Gängen, mit tiefen Gewölben und finstern Kellern. Angeblich waren alle Häuser mit den wichtigsten Punkten, dem Rathaus und der Kirche Sankt Stephan, unterirdisch verbunden. So konnten die Bürger bei Überfällen und sonstiger Not schnell und sicher flüchten. Bis heute sorgt der Tangermünder Untergrund für Gerüchte. Hartnäckig hält sich jenes von einem verschwiegenen Tunnel, der bis in das 10 Kilometer entfernte Jerichow geführt haben soll. Noch hat man keinen Beweis seiner gefunden. Kein Wunder! Das haben Geheimgänge so an sich.

Einsam steht der Bergfried am Steilufer der Elbe. Eine 10 Meter hohe und 1,5 Meter starke Mauer umschließt auf drei Seiten den ehemaligen Burghof. Bei schönem Wetter kann man von hier oben das nördliche Havelberg und die Letzlinger Heide im Süden sehen. 1009 wurde Tangermünde erstmals erwähnt. Von einer unsicheren Grenzfestung an einer Furt über die Elbe war da die Rede. Sie schien in rauer Gegend zu stehen. Mal geriet sie in die Hände der Slawen, dann wieder eroberten die Germanen die Feste zurück. Tangermünde war der Hauptort einer ganzen Kette von Reichsburgen. Sie alle standen gegen die Slawen auf Wacht. Doch nicht nur Kampfgetümmel, auch zarte Liebeslieder erklangen hier. Nur zu gern lud Otto IV. mit dem Pfeile, Markgraf von 1266 bis 1308, die Minnesänger des Landes zum edlen Streit. Im Tanzhaus, Kanzlei genannt, fanden die großen Feste statt. Es ist das einzige erhalten gebliebene Gebäude aus dem 14. Jahrhundert.

Zu Füßen des Burgberges liegt die Hafeneinfahrt, hier mündet der Tanger in die Elbe. Eine Mole trennt den Hafen vom Strom. Ein kleines Backsteinhäuschen steht darauf. In ihm wird akribisch der Pegelstand der Elbe gemessen. Der Fluss machte die Festung einst zur Kaufmannsstadt. Durch Gewerbe, Elbzoll und Brauerei kam Tangermünde zu Reichtum und Macht. 1275 wurde dem Ort Stadtrecht verliehen, 1368 trat er der mächtigen Hanse bei.

Fünf Jahre später geschah, was man gemeinhin einen Glücksfall der Geschichte nennt. Der deutsche Kaiser Karl IV., wohnhaft auf dem Hradschin in Prag, erhielt die Mark Brandenburg zum Geschenk. Mit großem Gefolge ritt er am 7. September 1373 in Tangermünde ein, die Stadt huldigte ihm am selben Tage. Einige Zeit später zog der Kaiser los, um die märkischen Gebiete zu besichtigen. Er ließ eine Landesbeschreibung sowie eine Art Grundbuch anfertigen und wählte dann das kleine Tangermünde zum »domicilium principale«, zu seinem brandenburgischen Hauptwohnsitz.

Schon bald begannen die besten Baumeister des Reiches damit, die Festung wohnlich zu machen. Sie sollte zur größten und schönsten Höhenburg des Nordens werden. Zahlreiche Gebäude entstanden, leider fielen sie alle dem Dreißigjährigen Krieg zum Opfer.

Aber nicht nur »des lieblichen Geruchs der Blumen wegen« hatte Karl IV. Tangermünde zum Zweitwohnsitz gewählt. Der gewiefte Machtpolitiker wollte das reiche Böhmen noch reicher machen. Und so lautete sein Plan: Die Warenströme aus dem Süden Europas sollten in Prag zusammenfließen, um von dort über die Moldau und Elbe nach Hamburg transportiert zu werden. Auf diese Art und Weise wollte der kluge Kaiser den südlichen Handelsraum Europas mit dem nördlichen der Hanse verbinden. Da kam ihm Tangermünde gerade recht. Die Stadt war die erste an der Elbe, die in seinem Machtbereich lag. Leider blieben Karl IV. nur fünf Jahre Zeit, seine Pläne zu verwirklichen. Zu wenig, wie sich zeigen sollte. Als er 1378 überraschend starb, hinterließ er ein Machtvakuum. Die Hohenzollern übernahmen Tangermünde. Nach und nach verlor die Kaiserstadt des Nordens ihre Funktion als Residenz an Berlin.

Von den vielen Daten in der Tangermünder Biografie ist die Jahreszahl 1617 schwarz umrandet. Ein riesiges Feuer vernichtete die Stadt.

Am 13. September, es war ein schöner Tag mit segelnden Wolken, begann es an mehreren Stellen zu brennen. Ein scharfer Wind stachelte die Flammen an, schnell sprangen sie in den engen Gassen von einem Strohdach zum anderen. Bald brannte es lichterloh. Tatkräftig begannen einige Mutige damit, den Brand zu bekämpfen. Allein die Kraft des Feuers war zu groß. Panik griff um sich, viele Menschen schrien in blanker Todesangst. Alte, Frauen und Kinder wurden niedergerannt, Häuser stürzten ein. Und auch die Türen der Stadt erwiesen sich als Feind, waren dem Ansturm der verzweifelten Menschen nicht gewachsen. Schnell war die enge Rosspforte verstopft. Und auch im Hühnerdorfer Tor verkeilten sich die Menschen. Nur durch das Neustädter floss zäh und mühevoll der Verkehr. Mit dumpfem Gebrüll tobten die Flammen. Immer wieder trieb der Wind die Feuerzungen an. Weit hinein ins Land flogen die Rußfetzen.

Der Brand dauerte viele Stunden. Schwarz war der Himmel über Tangermünde. Und wenn die Sonne doch für einige Augenblicke durchdrang, dann war sie bleich wie eine Mondsichel. Erst als die Flammen nichts mehr zu fressen bekamen, legten sie sich zur Ruhe. Der Turm von Sankt Stephan aber brannte noch einen ganzen Tag. Dann endlich, es war wie eine Erlösung, fielen die ausgeglühten Kirchenglocken schreiend zur Erde.

Und die Bilanz des Schreckens?

Das Innere der Kirche mit all ihren Kostbarkeiten war verbrannt. Auch das schöne Rathaus lag in Schutt und Asche. Vernichtet waren das Archiv, wichtige Dokumente der Stadt, Gelder, Bilder, Schätze. Insgesamt fielen 486 Häuser und 53 Scheunen den Flammen zum Opfer. Die Vorratshäuser waren alle bis oben hin mit frischer Ernte gefüllt gewesen.

Ein Jahrhundertbrand. Gewiss. Und doch nur einer von vielen. Was ihn über die anderen stellt, ist das Schicksal der Grete Minde, die ihren Kopf hinhalten sollte für die Katastrophe. Doch hatte sie das Feuer überhaupt gelegt? Wochenlang hatte sie im Vorfeld des Infernos mit einem Ratsherrn von Tangermünde über ihr Erbe gestritten, das ihr zustand, da ihr Vater ein reicher, begüterter Bürger der Stadt gewesen war. Aber niemand verhalf ihr zu ihrem Recht. Hatte sie deshalb vielleicht gezündelt? Sich durch Brandstiftung an ihrer Vaterstadt gerächt? Bis auf den heutigen Tag ist diese Frage offen. Das Gericht aber entschied:

»Da nun Gefangene solches bekendniß vor dem peinlichen halßgericht nochmalen bestendig wiederholen wirdt, So mag Sie deswegen vor endlicher Tödtung uff einem Wagen biß zu der Richtstädte umbgeführet, ihre fünff finger an der Rechten Hand einer nach dem andern mit glühenden Zangen abgezwacket, nochmalen ihr Leib mitt vier glühenden Zangen nemlich in der Brust und Arm gegriffen. Folglich mitt eisernen Ketten uff einem erhabenen Pfahle angeschmiedet, lebendig geschmochet und allso vom leben zum tode verrichtett werden, von Rechts wegen.

Uhrkundlich mitt unserem Secret besiegelt den 13. Marty anno 1619. Schöppen beyder Städte Brandenburgk.«

Eine schreckliche Strafe. Arme Grete. Und doch ist ihr Schicksal genau der Stoff, aus dem man Bücher macht. Theodor Fontane jedenfalls nutzte ihn, um endlich den Sprung vom Journalisten zum Dichter zu wagen. 1879 erschien seine Novelle GRETE MINDE. Der Kriminal-Prozess fand übrigens 1619 in dem noch vom Brand gezeichneten Rathaus statt. Bald schon gehörte es wieder zu den schönsten Bauten der Backsteingotik in Deutschland.

Man sollte sich Zeit nehmen, das Rathaus in Ruhe zu betrachten. Faszinierend ist die Transparenz des Giebels, der aus gebrannten Ziegeln geformt ist. Die frei gegen den Himmel gestellten Rosetten wirken wie Brüsseler Spitzen auf einem alten märkischen Kleid. Eine vollkommene Gestalt. So makellos, dass sie sogar ein wenig kitschig erscheint. Aber lieben wir nicht alle ein wenig Kitsch?

Es ist still geworden in der Stadt. Längst haben die Tagestouristen, die Tangermünde und sein Rathaus bewunderten, den Ort verlassen. Die winkligen Gassen mit ihren Fachwerkhäusern aus dem 17. Jahrhundert sind leer. Für einen Augenblick noch hängt die karge Abendsonne am Himmel und malt letzte, geheimnisvolle Lichtsignale auf die Dächer der Stadt. Dann schiebt sich eine dicke Wolke vor den Feuerball, Wind kommt auf und mit ihm erscheinen die dämmrigen Vorboten der Nacht.

Zeit für uns, zu gehen.

Rechts: Stendal, Roland, Gerichtslaube und Marienkirche

Seiten 24–27: Jerichow, Klosterkirche
Seiten 28/29: Eichenallee an der Elbe nahe Tangermünde
Seiten 30/31: Blick über die Elbe auf Tangermünde mit der Stephanskirche
Seiten 32/33: Blick von Tangermünde über die Elbe Richtung Jerichow

Tangermünde, Marktstraße und Lange Fischerstraße

Rechts: Tangermünde, St. Stephan und Hünerdorfer Torturm

Tangermünde, Rathaus

Links: Tangermünde, Neustädter Tor

Stendal, Säuleneichen an der Hospitalstraße, im Hintergrund das Tangermünder Tor

Links: Stendal, St. Nikolaus

Stendal, Rathaus mit St. Marien

Rechts: Stendal, Inneres von St. Marien

Seiten 42/43: Kalbe, Burganlage

Gardelegen, Fachwerkhaus in der Sandstraße

Gardelegen, Rathausplatz

Gardelegen, Salzwedler Tor

Seiten 47–49: Gardelegen, Stadtpark

Drömling, Friedrichskanal mit alter Holzschleuse

Rechts: Oebisfelde, Südseite der Sumpfburg

Landschaft bei Klötze

Rechts: Beetzendorf, Marienkirche

Seiten 54/55: Hünengrab bei Stöckheim
Seiten 56/57: Klötzer Forst

Diesdorf, Freilichtmuseum

Links: Ahlumer See

Seiten 60/61: Diesdorf, Klosterkirche und Amtsgarten

Dahrendorf, Dorfstraße

Landschaft bei Dahrendorf

Salzwedel, Fachwerkhaus, Reiche Straße 43

Rechts: Salzwedel, Salzstraße und Marienkirche

Seiten 66/67: Salzwedel, Katharinenkirche

Salzwedel, ehemalige Propstei, heute Johann-Friedrich-Danneil-Museum

Salzwedel, Blick zum Turm des Neustädter Rathauses

Seiten 70/71: Salzwedel, Partie an der Stammjeetze

Seehausen, Petri-Kirche

Seehausen, Beuster Tor

Arendsee, Kloster

Arendsee, Blick vom Kloster zum See

Seite 76: Krevese, Klosterkirche
Seite 77: Havelberg, Innenraum des Doms
Seiten 78/79: Havelberg mit dem Dom
Seite 80: Arendsee